RÉFLEXIONS

POUR

Me LINGUET,

AVOCAT DE LA COMTESSE

DE BETHUNE.

Nego potuisse jure publico, legibus iis, quibus hac civitas utitur, quemquam civem ulla ejusmodi calamitate affici, sine judicio.

CICER. *pro domo sua.*

A PARIS,

DE L'IMPRIMERIE DE PH. D. PIERRES,
rue Saint-Jacques.

M. DCC. LXXIV.

RÉFLEXIONS

POUR

Me LINGUET,

AVOCAT DE LA COMTESSE

DE BÉTHUNE.

Aux singularités dont l'Affaire du Comte de Morangiés n'a été que trop remplie, il en manquoit encore une, c'étoit que sa justification devint funeste à la main qui l'a opérée, & que du salut du client résultât la perte du défenseur, ou du moins un extrême péril pour lui. Notre siecle paroît destiné pour les évenemens rares; il peut encore se glorifier de celui-là : en avions-nous besoin pour apprendre combien le triomphe de l'innocence est toujours incomplet, & combien au contraire le crime, au milieu même de ses défaites, conserve de ressources?

Ce qu'il y a de plus étrange, c'est que cette manœuvre s'étende jusqu'à une femme de Condition dont elle compromet le sort. La Comtesse de Bethune m'a fait

A ij

l'honneur de me charger de fa défenfe dans une affaire dont l'exiftence de fa Famille dépend. La Caufe étoit au Role. Suivant le texte précis des Ordonnances, il falloit d'après la place qu'elle occupoit, qu'elle fut plaidée le 7 Février (1). Cependant, non-feulement elle n'a pas été plaidée ce jour-là, mais on fe flatte qu'elle ne le fera jamais, fi la Comteffe de Bethune ne confent à changer de Défenfeur.

Et par qui lui eft impofée cette loi ? par l'Avocat (2) de fon Adverfaire, qui a des raifons, & des raifons très-fortes, & des raifons perfonnelles pour tâcher de m'écarter du Barreau. Il a trouvé moyen d'affocier à fes inquiétudes le reffentiment d'un autre Avocat (3), dont la Comteffe de Béthune n'a pas cru devoir employer plus longtems les fecours, & d'autres paffions du même genre, qui ne font pas rares dans une claffe d'hommes où la rivalité eft fouvent plus vive que l'émulation : ainfi le caprice, l'intérêt & la vengeance s'arrogent le droit de difpofer des volontés de la Comteffe de Béthune. Au mépris des bienféances, des Loix, de la Juftice, une portion infiniment petite d'un Ordre très-nombreux, animée en apparence par l'honneur, & réellement féduite par les plus odieufes manœuvres, prétend tyrannifer la confiance des Plaideurs, & couvrir d'opprobre le nom d'un Confrere qui n'a ceffé de travailler à mériter l'eftime des fiens.

Il y a fans doute des reffources contre ce genre d'oppreffion tout nouveau : la Comteffe de Béthune eft déterminée à les faire valoir, & je la feconderai, puifque c'eft me défendre moi-même que de juftifier fon choix.

Il m'en coûte de révéler le myftere de cette trame odieufe ; mon cœur répugne à en chercher les complices

(1) La Déclaration du 15 Mars 1673, *défend* expreffément *d'intervenir l'ordre des Rôles en quelque forte que ce foit.*

(2) Me. Gerbier.

(3) Me. Caillard, qui a plaidé pour la Comteffe de Bethune au Châtelet.

dans une Compagnie que je n'ai cessé de respecter malgré
l'injustice de quelques-uns de ses Membres, & d'aimer malgré ce que j'ai souffert pour en soutenir l'honneur. Mais je
crois continuer de bien mériter d'elle, en mettant au jour
les complots révoltans qui se forment, ou du moins se
naturalisent dans son sein. Les fluides les plus purs pro-
duisent toujours quelque écume quand ils sont agités : ce
n'est qu'en soufflant sur ces excrescences superflues qu'on
parvient à rendre à la liqueur sa premiere limpidité ; de
même, au milieu des factions qui divisent l'Ordre des
Avocats, des cabales criminelles ont pu y trouver quelques partisans ; mais c'est travailler à sa gloire que de
démontrer qu'elles n'ont point été adoptées par cette asso-
ciation d'hommes spécialement consacrés à l'honneur &
à la vertu, & qu'étant unis pour défendre la vérité, ils ne
se sont point ligués pour fermer une bouche dont tout le
crime est de l'avoir défendue.

D'ailleurs entouré d'ennemis que cette vérité m'a faits,
cruellement puni d'avoir osé le premier dans ma profes-
sion (1) imiter l'exemple de Cicéron étant aussi loin de
ses talens, d'avoir essayé de mêler le goût des lettres à
l'exercice de la Jurisprudence ; poursuivi au Barreau par
des vengeances littéraires ; inquiété dans la littérature par
les haines du barreau ; assez mal-adroit dans un tems où
tout est secte pour avoir attaqué les plus puissantes, sans
songer à en former une ; exposé par la fatalité des circons-
tances à des soupçons d'autant plus cruels, qu'il est pres-
que aussi dangereux pour moi de les détruire que de les
laisser subsister, à des soupçons qui m'ont attiré le ressen-

---

(1) Je sçais bien que Patru a passé pour un homme de Lettres, & que quelques autres hommes de Robe ont feint de concilier Themis avec les Muses :
mais Patru, du vivant duquel on a recueilli toutes les Œuvres ; Patru qui, pour
en grossir le volume, y laissa insérer jusqu'à des Placets & des Epitaphes très-
médiocres ; Patru qu'on a peu lu de son tems, & qu'on ne lit certainement pas
de nos jours, a plutôt passé pour un Critique judicieux & severe, que pour
un homme de Lettres distingué. Au reste en me comparant à lui, je ne pré-
tens pas avoir mieux fait que lui ; mais seulement avoir plus fait.

timent d'un parti que je n'ai point attaqué, tandis qu'ils ne me font d'aucune utilité auprès de l'autre que je n'ai pas fervi; plaint en fecret par des amis plus vertueux que braves, plus juftes que courageux, & par conféquent peu propres à montrer cette intrépidité qui feule terraffe & fubjugue le préjugé; ifolé au milieu de ce flux & reflux terrible de paffions qui follicitent ma perte & qui voudroient affurer mon déshonneur, j'ai befoin d'une apologie générale qui me montre enfin tel que je fuis. Il faut fournir aux honnêtes gens fenfibles, dont la race n'eft pas encore éteinte, & qui m'eftiment fans me connoître, une arme avec laquelle ils puiffent impofer filence à mes perfécuteurs dont la plûpart ne me connoiffent pas davantage. Si après m'avoir lu, ceux-ci peuvent me haïr encore, ce ne fera pas du moins fans éprouver des remords, & tôt ou tard la force de la vérité les défabufera.

Ma juftification fera courte & fimple. Je connois tout le rifque que l'on court à parler de foi; je fçais les égards que doit un homme malheureufement contraint de fe juftifier, à l'amour propre, ou à la bifarrerie du Public. S'il s'humilie, il dégoûte, on le méprife : fi le fentiment de ce qu'il eft lui donne une contenance fière, il choque, on le hait. Tâchons de paffer entre ces deux écueils fans nous y brifer, & d'éviter également la hauteur qui rend odieux & la baffeffe qui avilit.

Je n'ai prefque que des faits à offrir. C'eft le miroir de ma vie que je préfente à mes Confreres, aux Magiftrats & au Public; la calomnie a pu le ternir, la vérité va lui rendre fon éclat.

Si l'on trouvoit dans ce Mémoire quelque vivacité, malgré mon intention, qu'on fonge que je ne fais ici que me défendre, & que c'eft le rôle que j'ai toujours rempli; je fuis attaqué; je le fuis par des voies indignes; je le fuis dans mon état, dans mon honneur, & par conféquent dans ce qu'un homme qui veut jouir de quelque eftime, a de plus cher après fa vertu. Depuis deux ans & plus, Me Gerbier eft, à mon égard, le calomniateur le plus acharné; depuis trois mois il eft devenu mon délateur perfonnel. (1) C'eft lui qui, par des voies honteufes, a conduit fur ma tête l'opprobre que le plus facré des devoirs m'oblige de repouffer. Il a féduit contre moi quelques Confreres qui n'ofent combattre fes paffions, ou qui les partagent. Il n'a pas rougi d'articuler devant eux pour les animer, que tous mes ouvrages étoient le *fruit de l'impiété, de la révolte, ou de la corruption, qu'il n'y en avoit pas un où je n'euffe bravé la Religion, le Gouvernement & les mœurs.* J'ai rendu pour tous ces faits de cabale & de calomnie, une plainte dont je n'ai fufpendu le cours que par un refte d'égards que j'ai cru devoir à la confraternité qu'il viole. Il n'y a point de facrifices que je n'aie offerts, point de démarches que je n'aie multipliées pour éviter cette extrêmité. Ma déférence n'a fait qu'affermir fon dédain, & ma fou-

(1) Me Gerbier a en fon propre nom une affaire, ou l'on répéte contre lui les titres d'une créance de plus de 300000 liv. qu'on foutient avoir été fouftraits ou égarés dans fon Cabinet. Il a été impoffible, l'année derniere, aux *freres Michelin*, fes parties, de trouver des défenfeurs. Abforbé par l'affaire du Comte de Morangiés, je n'ai pas cru devoir leur donner des fecours, qui auroient infailliblement augmenté mes embarras, en raifon de ce qu'ils auroient été plus nobles & plus défintéreffés.

D'ailleurs, je l'avoue, accufé déjà de ne pas marquer affez d'égards pour mes Confreres, ayant déjà eu avec Me Gerbier des prifes publiques, où ma jeunefle, & peut-être les circonftances avoient empêché qu'on ne vit combien je méritois peu de reproches, j'ai craint qu'en me voyant chargé d'une affaire fi férieufe contre lui, on ne me foupçonnât d'avoir été décidé par la vengeance plus que par la juftice, & que ce préjugé ne nuifit aux freres Michelin. J'ai donc toujours éludé leurs inftances.

Mais elles n'ont pas été inconnues à Me Gerbier : foit que me jugeant peut-être d'après lui-même, il ne crut pas mon refus fincere, foit qu'il apptéhendât que les unes ne devinffent plus vives, & l'autre moins conftant, quand on emploieroit fur mon cœur les moyens qui l'ébranleront toujours, le malheur & la vérité, il a dès-lors formé le plan de m'écarter du Barreau. Les événemens l'ont bien fervi. Ses craintes, mariées au reffentiment des Juges du Baillage du Palais, de Me Caillard, &c. ont enfin produit la perfécution contre laquelle je réclame ici.

Au refte, je déclare que me croyant quitte des égards de la confraternité envers Me Gerbier, je me fuis chargé de l'affaire des freres Michelin, & je ne tarderai pas à la mettre fous les yeux de la Juftice.

miffion qu'accroître fa fureur, parce qu'apparemment il l'a prife pour de la foibleffe. Il faut que de pareils procédés ayent un terme, & fi à tous les travers qu'il s'eft permis envers moi, il ofoit joindre celui de fe plaindre de ma juftification, les honnêtes gens n'auront fans doute rien autre chofe à lui répondre finon

C'eft toi qui l'as voulu.

§ I.

Ma conduite depuis que je fuis au Barreau, jufqu'en 1770.

Il y aura le 9 Mai prochain précifément neuf ans que j'ai l'honneur d'être Avocat. Des idées vagues d'indépendance, l'amour des voyages m'avoient écarté jufqueslà de tout engagement folide. Le vœu d'une famille, la néceffité d'être quelque chofe me firent, à vingt-huit ans, penfer à un état; le Barreau me parut celui qui convenoit le plus à mon amour pour la liberté, à mon goût naturel pour les lettres. J'arrivai dans ce pays tout nouveau pour moi, avec les préjugés d'un efprit plus familiarifé avec les livres qu'avec les hommes.

J'étois fanatique, je l'avoue, de la nobleffe de ma profeffion; ivre de cet enthoufiafme dont la candeur de la jeuneffe eft fufceprible; plein de la lecture des Cicéron & des Démofthéne; enflammé par le fouvenir de leurs fuccès; rempli d'une vive émulation par l'idée de la gloire attachée à la carrière qu'ils ont parcourue, je ne fongeois pas que ces grands hommes ont dû la leur, moins à leurs talens peut-être, qu'au bonheur d'être nés fous une adminiftration qui en facilitoit le développement. J'oubliois que nos Orateurs ne font plus ceux de Rome, & que parmi nous la *robe* eft bien loin de la *toge*.

Je ne foupçonnois pas même que l'envie, la rivalité puffent être admifes dans une affociation dont l'honneur & la
délicateffe

délicateſſe me ſembloient être le lien par eſſence. D'après ces étranges erreurs, je m'étois fait d'un véritable Avocat un portrait tel que le délire de mon âge avoit pu le tracer. Je me le repréſentois comme le ſoldat de l'honneur & de la vérité. J'y voyois un ennemi implacable de l'injuſtice & de l'oppreſſion, armé pour les attaquer ſous quelque forme qu'elles ſe montraſſent; forcé, ſous peine d'être regardé comme un lâche déſerteur, d'augmenter de zèle & de chaleur en raiſon de la foibleſſe, de l'impuiſſance de ſes cliens, & de ce que l'intrigue ou l'impoſture lui oppoſoient d'obſtacles; engagé à ſe ſacrifier, s'il le falloit, pour repouſſer leurs efforts, & à périr ſur la brèche s'il ne pouvoit les en chaſſer. Enfin examen ſcrupuleux avant que d'entreprendre (1), intrépidité inébranlable après avoir entrepris, telle étoit la formule du ſerment que tout Avocat, ſuivant les bouillons de mon efferveſcence, devoit ſe prêter à lui-même. J'apportois, comme on voit dans cette profeſſion, au moins une partie de ce qu'il falloit pour la faire avec éclat & m'y perdre.

En me décidant à m'attacher à l'Ordre qui s'y conſacre dans la Capitale du Royaume, je me ſentois les facultés néceſſaires pour y être accueilli, aux talens près, qui n'y occupent que le ſecond rang: j'y découvrois de grands exemples de déſintéreſſement & de vertu, mais je ne le voyois encore que de loin. J'en jugeois, comme on le fait de la lune quand on l'examine à l'œil nud. Elle offre une ſurface brillante dont rien n'égale la blancheur. S'en rapproche-t-on par des lunettes, on y apperçoit des endroits ſombres, des creux incapables de réfléchir le moindre rayon, & l'on eſt ſurpris d'avoir attribué à la totalité de cet aſtre un éclat qui n'eſt dû qu'à certai-

---

(1) Ai-je tenu parole? qu'on me juge. D'après le calcul que j'ai donné pages 56 & 57, *des Obſervations* pour le C. de M. on y verra que depuis que je ſuis au Palais, je n'ai pas perdu dix Cauſes, & j'en ai traité plus de cent. L'année derniere, entre autres, j'ai gagné ſans exception toutes celles dont je me ſuis chargé. Cependant, écoutez mes ennemis: ils vous aſſureront que je ne me charge que des plus mauvaiſes affaires, que je les perds toutes; & ce qu'il y a d'étrange, ils le perſuadent,

B

nes portions de fa furperficie. De même tout m'avoit paru éclairé dans le Barreau tant que je ne l'avois obfervé que de loin , & avec la vénération dûe aux objets que l'on ne connoît pas. L'expérience vint bientôt m'offrir fon trifte télefcope : je vis les chofes comme elles étoient , & le Palais dans fon vrai point de vue.

J'y découvris les cavités & les points lumineux. La rivalité , la haine, le goût des manœuvres , toutes les paffions juftement reprochées aux gens de lettres , s'y développoient avec fureur. Elles prenoient même au Barreau un degré d'activité de plus , parce que dans la littérature on ne prétend guères qu'à la gloire , au lieu qu'ayant fous la robe à fe difputer à la fois la gloire & la fortune ; le prix attaché à la confiance des Cliens , rendant plus intéreffante la réputation qui la motive , les efforts pour déplacer un concurrent, doivent être plus violens , & les bleffures que fait la jaloufie plus incurables.

Elle me fit bientôt l'honneur de me diftinguer. Une occafion précieufe à mon cœur me rendit un objet digne de fon attention.

On fe rappelle cette affreufe affaire de la mutilation du Chrift d'Abbeville : le reffentiment d'un Juge, mort depuis, l'équivoque d'une plainte rendue par le Miniftere public, avoient conduit fur l'échaffaut deux enfans dont la naiffance, l'âge , & peut-être la conduite, fembloient mériter plus d'indulgence. Trois autres enfans encore plus jeunes impliqués dans ce cruel Procès , paroiffoient perdus pour leur famille & leur patrie. J'écrivis pour eux ; les yeux s'ouvrirent, on rougît du paffé. Leur innocence fut reconnue & conftatée fans contradiction. J'avois eu les bras liés jufque-là. On crut, non fans apparence de raifon, que les deux autres auroient joui du même avantage fi la défenfe avoit pu précéder leur condamnation.

Ce fuccès éveilla l'envie. Les Cicérons modernes, ceux à qui fembloit appartenir le droit exclufif de recueillir des palmes dans l'arêne du Barreau, m'apperçurent avec furprife fi près d'eux, fans qu'ils en euffent été avertis. Ils furent étonnés, & peut-être allarmés, que cet ouvrage & quelques autres qui fuivirent, fuffent les productions d'un individu ifolé, que perfonne n'annonçoit, & qui ofoit fe hafarder feul dans les labyrinthes de la Jurifprudence.

C'eft encore une obfervation que je n'avois pas faite. J'ignorois que pour fe ménager un accès facile à notre Barreau, il fallut s'attacher aux pas d'un ancien qui fut prêt à l'abandonner, choyer fa décadence, épargner à fa main fatiguée, & quelquefois à fa tête épuifée, les travaux qu'exigeoit la confiance publique, lui facrifier fa propre jeuneffe en attendant le moment de s'approprier un jour celle d'un autre ; enfin nouvel Elifée, cueillir le manteau de quelque vieil Elie, & ne débuter dans fes effais, qu'à l'abri de cette égide refpectable.

J'ai appris depuis que cette méthode avoit fait prefque tous les fuccès qu'on y a vus & qu'on y voit. C'eft ainfi que Me le Normand, Me Gueaux de Reverfeaux, Me Doulcet, &c. ont laiffé des réputations toutes faites à des fucceffeurs qui fe préparent des héritiers. Je n'avois point deviné cette politique affez bien entendue. Mon âge d'ailleurs, & peut-être même mon caractere, me l'auroient interdite quand j'en aurois eu l'idée. J'errois donc au Palais, fans protecteur, fans caution ; une figure inconnue & peu prévenante, un air timide que l'on pouvoit croire fauvage, ne détruifoient pas les impreffions que l'on tachoit d'accréditer contre moi. Je paroiffois bon à écrafer parce que l'on préfageoit qu'un jour je pourrois écrire paffablement, & facile à écrafer, parce que je ne tenois à rien.

Enfin un dernier grief eft venu confirmer tous ceux-là ; j'avois du loifir : les Juges de Province ne brûlent pas tous les jours des jeunes gens, & l'attention publique ne s'attache guères qu'aux affaires qui portent fur de grandes infortunes ou fur de grandes fingularités. J'en traitai fans bruit plufieurs qui n'employoient pas tout mon tems. Accoutumé à m'occuper de la littérature, & à méditer affez profondément fur ce qui intéreffe la fociété, je cédai à l'envie d'imprimer quelques productions relatives à l'une, & le fyftême que je m'étois formé fur l'autre.

Dans l'efpace de moins de quatre ans, je donnai fucceffivement l'*Hiftoire des Révolutions de l'Empire Romain*, celle du *feiziéme Siécle*, plufieurs autres volumes fur différentes matieres, & enfin *la Théorie des Loix*, ouvrage fi indignement, fi cruellement jugé, & pour mon bonheur peut-être, fi peu lu; ouvrage décrié comme un panégirique du defpotifme, & où des yeux fans paffion verroient le plus utile monument peut-être qui exifte de l'amour de la liberté; ouvrage qui porte tout entier fur ce principe bien neuf, il eft vrai, bien terrible pour les hommes puiffans & prévaricateurs, mais bien confolant pour tous les autres, que le bonheur d'un gouvernement confifte dans la faculté de punir fans exception quiconque ofe être injufte avec un titre, & de rendre même le châtiment plus prompt, plus facile en raifon de l'élévation du coupable; ouvrage enfin où je ne ferois pas étonné qu'on cherchât un jour de quoi me pourfuivre comme un Républicain furieux, avec autant d'injuftice, qu'on a prétendu y trouver des motifs pour m'accufer d'être le flatteur de la tyrannie. C'eft peut-être cette étrange méprife qui a fait jufqu'ici ma fûreté. Je ne crains pas de révéler à mes ennemis ce fecret important. Ils en pourront un jour faire ufage. Un peu d'inconféquence ne doit pas les effrayer. Quand la haine eft-elle conféquente?

On vit donc dans la théorie des Loix ce qui n'y étoit point: on n'y vit rien de ce qui y étoit. Je réfutois fouvent M. de Montefquieu. Les Jurifconfultes qui l'avoient dédaigné vivant & qui fans le lire, l'accablent de louanges depuis fa mort, furent émus des cris de fes amis, à qui mes obfervations paroiffoient autant d'outrages pour ce grand homme. Les uns & les autres ne rougirent pas d'employer les calomnies, pour le venger & fe venger eux-mêmes ; il y en eut de puériles, il y en eut d'atroces. Le préjugé aveugle, le reffentiment impitoyable, la jaloufie inquiéte, la crédulité pareffeufe, fe réunirent pour me perdre. De toutes ces impreffions accumulées fe forma dans le petit atmofphère du Palais, un orage furieux auquel il n'étoit pas probable que je puffe réfifter.

Mais une expérience cent fois réïtérée, a démontré une vérité honorable à l'Ordre des Avocats ; c'eft que fi la jaloufie, l'intérêt, toutes les paffions honteufes agitent quelquefois un certain nombre de fes Membres, le Corps s'en eft toujours montré exempt, c'eft qu'il n'a jamais manqué de s'y trouver des hommes honnêtes qui voient la vérité, qui la goûtent, & qui la font goûter aux autres. Pareil aux tourbillons de Defcartes où le repos général naît du mouvement des parties, où chaque chofe refte en fa place, parce que tout tend fans ceffe, à s'en écarter, ce Corps fingulier, dès qu'il eft affemblé, revient invinciblement à l'honneur, à la juftice, dont fes agitations inteftines fembloient devoir l'éloigner. La fermentation qu'il éprouve ne produit que des réfolutions équitables, & s'il s'eft quelquefois compromis, ce n'eft que par des diverfions particulieres qui n'ont jamais été le vœu univerfel.

Je reclamai ce vœu au moment où il s'agit de m'infcrire fur le *Tableau*, de completter mon exiftence d'Avocat par cette initiation folemnelle. Alors les calomnies s'évanouirent, les paffions fe turent. Je reçus, & même avec des diftinctions flatteufes, ce caractere facré qui me manquoit.

L'équité du Corps ne réforma point l'injuftice des particuliers. La raifon en eft fimple. Le Corps ne me difputoit rien : mais les particuliers croyoient avoir des occafions fréquentes de me difputer beaucoup. Telle a été ma fituation jufqu'en 1770.

§. I I.

Ma conduite depuis 1770.

On connoît les événemens qui ont fuivi cette époque. Je ne fuis point l'Hiftorien des troubles de ma Patrie. Accablé comme mes Confreres & plus qu'eux peut-être, je me confinai dans une chetive maifon que je louai à quatre lieues de Paris.

Tandis que j'y effayois, dans la plus profonde folitude, de me diftraire de mes douleurs préfentes & de mes craintes pour l'avenir, on me déchiroit, on m'outrageoit, on me calomnioit à Paris avec indignité. On m'affocioit à des événemens dont je n'avois de connoiffance qu'avec le public. On me préfentoit comme le détracteur de la Magiftrature, le déferteur de mon Ordre. On me dévouoit à des reffentimens bien redoutable, en m'attribuant des productions que je n'ai même jamais lues : & quel étoit le fondement de ces préjugés qui ne font pas encore détruits, ou au moins, dont l'effet fubfifte encore ? Ma *Théorie des Loix*, ou plutôt l'erreur affreufe commife au fujet de ce livre. Je devins dès ce moment, l'objet de la haîne ardente, univerfelle & non moins injufte de tous les hommes attachés à des opinions qui confervent encore de nombreux partifans.

On peut penfer combien cette fituation, cette injuftice me déchiroient cruellement le cœur. J'étois dans le plus violent défefpoir, & pour comble de malheur, comment me juftifier ? Il n'étoit pas plus fûr, comme je l'ai déjà obfervé, de parler que de me taire. Prouver mon innocence à de certains yeux, m'auroit rendu criminel à d'autres. Sujet refpectueux, Citoyen compatiffant, Confrere fidele, j'éprouvois combien il eft dangéreux dans les tems de divifion, de n'aimer que fon Prince, fa Patrie & fon devoir.

Accablé de tant de penfées affligeantes, j'allois me retirer au fond d'une Province & attendre le moment où il me feroit poffible de détruire la calomnie par la vérité, ou celui du moins où je n'aurois plus d'intérêt à l'attaquer, lorfque la Saint-Martin de 1771 arriva : elle avoit été précédée par de grands mouvemens entre les Avocats : vingt huit d'entre-eux s'étoient affemblés pour fe déterminer entre une retraite oifive, ou une rentrée laborieufe. Ils fe déciderent pour la rentrée. Cette impulfion donnée à l'Ordre, en entraîna toute la maffe. Cinq-cens & plus, de Jurifconfultes, prêterent ferment le 11 Novembre 1771.

Fidéle à fuivre tous les mouvemens de mes Confreres, je partageai celui-là : mais il n'eft pas inutile d'obferver que je n'avois pas été du nombre des vingt-huit. Toujours feul, quand il n'étoit queftion que de démarches particulieres, toujours attaché à la régle, à la confraternité, dans les chofes publiques, rempliffant avec la plus minuticufe exactitude mes devoirs en tout genre, j'avois quitté le Barreau avec tout le monde : j'y reparus avec tout le monde.

Tout y étoit bien changé. Nos places étoient prifes par des rivaux difpofés, il eft vrai, à nous les céder. Mais pour les occuper, il falloit fe dévouer à la partie la plus pénible de nos fonctions, à la plaidoierie. Le nouveau réglement reftraignoit les inftructions par écrit. Il préfageoit affez qu'il n'y auroit prefque plus que des affaires d'audience. Il n'alloit donc y avoir d'occupation que pour les anciens Avocats dans la confultation, & pour les jeunes dans la plaidoierie. J'étois trop peu âgé pour me placer dans la premiere claffe, & tout fembloit m'écarter de la feconde. Avec une conftitution délicate, minée par le travail & par les chagrins ; avec un extérieur peu avantageux ; avec une voix à laquelle je ne foupçonnois, ni étenduc, ni flexibilité, devois-je braver les fatigues du Barreau ? d'ailleurs, n'ayant de ma vie paru en public, ne m'étant jamais destiné à porter la parole, étoit-il prudent de me compromettre par un essai, qui, même en réussissant, ne pouvoit d'après mes facultés apparentes jamais être bien brillant, & qui en ne réussissant pas, m'exposoit à une sorte de dégradation dont mes ennemis alloient profiter ?

Mes amis m'en détournoient. Un instinct secret l'emporta sur leurs représentations, il n'y a point je crois d'amour propre à dire que j'obtins des succès qu'ils n'attendoient pas. Soit la singularité des affaires, soit la maniere de les traiter, un concours nombreux honora mes audiences ; le Palais n'étoit plus depuis longtems qu'une hideuse solitude : il fallut alors, ce qui n'étoit jamais arrivé, employer des gardes pour écarter ou contenir la foule. Il eût reconnu ses beaux jours, si tant d'affluence avoit eu pour objet un Orateur moins nouveau, & des talens plus exercés.

Quel qu'en fut le motif, elle blessa cruellement des gens à qui des salles désertes auroient mieux convenu. Tous les préjugés occasionnés par *la Théorie des Loix*, furent renouvellés & confirmés par les succès de son auteur dans une carriere où il sembloit ne s'être jetté que par une suite de ses principes. De-là le ressentiment incurable d'une infinité de mes Confreres & de leurs partisans.

Ceux même qui partageoient ouvertement avec moi ces fonctions ouvertement reprises par tous, contens autrefois de la gloire obscure que distribuoit un Auditoire circonscrit, ne me pardonnoient pas de les avoir transplantés sur un théâtre plus étendu, ou les suffrages désintéressés n'étoient pas toujours en leur faveur. Ils m'accusoient de chercher à séduire le Public, comme si cette étrange séduction pouvoit jamais devenir un

grief

grief contre un homme qui parle en public. Tout les ul-
céroit, jufqu'à la tranquillité que j'ofois porter dans ces
combats où la conviction de la vérité & ma confiance
dans l'équité des Juges, me donnoient en effet une affu-
rance que je ne cherchois pas à diffimuler. Cette féré-
nité, ils l'appelloient *orgueil* : ils fe croyoient bravés parce
qu'entré d'hier dans la lice, je n'étois pas plus timide
qu'eux qui s'y exerçoient depuis vingt ans.

Leur aigreur fecrete fe manifeftoit à toute rencontre.
Dans l'affaire du M.... de G. ... Mᵉ Gerbier ; dans celle
de la Dame de Bombelles, Mᵉ B. ... affecterent de m'in-
fulter avec une licence dont il n'y avoit pas eu jufqu'alors
d'exemple au Barreau. Il fallut bien répondre, & dès-lors
on m'accufa ouvertement d'avoir changé le ton du Barreau, d'y avoir introduit l'ufage des *Sarcafmes*, moi qui
en avois été le premier objet, & qui n'avois employé
cette reffource, fi l'on veut qu'en effet je l'aie employée,
que pour me garantir d'en devenir la victime.

Enfin vint l'affaire du Comte de Morangiés. Je n'en ferai
point ici l'hiftoire, quoiqu'elle ne foit qu'à moitié connue.
La fermentation qu'à produite cet effrayant Procès, eft
trop nouvelle pour qu'on l'ait oubliée. C'eft alors que
j'ai rempli les devoirs de ma périlleufe profeffion dans
toute leur étendue, & que j'ai tâché de reffembler au
portrait que mon imagination m'avoit tracé d'un homme
digne de porter ce nom.

Prévention, manœuvre, crédit, autorité, il falloit
tout choquer, tout combattre. Je n'héfitai pas. Témoin
du déchaînement de la moitié peut-être de la Nation ;
menacé, compromis dans ma perfonne ; outragé publiquement aux Audiences ; indignement calomnié dans les
écrits ; fourdement attaqué dans la procédure, & par des
moyens. . . . . . . mais j'ai promis de me taire ; ayant
à me défendre des frayeurs de mes amis, plus encore

C

que des intrigues de mes Adverſaires ; ſeul contre un monde entier d'ennemis, j'ai préſenté ma tête aux pieds de la juſtice pour garantir celle d'un innocent que ſon bras trompé alloit aſſaſſiner. J'ai fait voir au Public de quelle reſſource pouvoit encore être, même dans nos ſiecles d'abatardiſſement & d'inertie la profeſſion d'Avocat, exercée par un homme intégre & ferme, chez qui le courage de l'eſprit eſt produit par la droiture du cœur.

Qu'on me pardonne de parler ainſi de moi-même. J'en ai aſſez cherement acheté le droit, & d'ailleurs s'il eſt permis à mes concurrens de multiplier des impoſtures pour me dégrader, pourroit-on me défendre de réveiller des vérités qui m'honorent.

Enfin, j'ai vaincu : on ſe rappelle comment après une inſtruction ſi longue, ſi violemment ſuivie ; après des décrets de priſe de corps, au moins ſi légerement lancés, ſi inutilement multipliés, & ſi évidemment injuſtes, eſt intervenue une Sentence qui déclaroit le Comte de Morangiés coupable & ſes Adverſaires innocens ; comment après un mur examen, ſur les mêmes piéces, ſur la même procédure le Parlement a déclaré le Comte de Morangiés innocent & ſes Adverſaires coupables ? comment j'avois démontré la néceſſité de cet Arrêt, & l'impoſſibilité d'en rendre un autre (1).

Je l'avoue, je goûtai dans les premiers momens la ſatisfaction d'un triomphe, & le bonheur d'avoir fait une belle action. Cette gloire m'avoit coûté bien des efforts, mais enfin j'en jouiſſois & le plaiſir préſent me dédommageoit des peines paſſées. Certainement ſi le lendemain de ce beau jour il s'étoit préſenté une cauſe à plaider contre moi, il n'y auroit pas eu d'Avocat aſſez hardi pour

______

(1) J'obſerverai cependant que par cet Arrêt M. de M. comme j'ai eu l'honneur de le dire à l'un de nos Princes, n'a été que juſtifié. Peut-être ſeroit-il à ſouhaiter, pour l'ordre Public, qu'il eût été vengé.

me difputer le droit de paroître aux pieds de ce Tribunal , qui venoit de me décerner une couronne. L'indignation publique m'auroit fervi de Sauve - garde contre cet attentat honteux ; mais depuis le 4 Septembre il s'eft écoulé bien des jours , & il s'eft paffé bien des chofes.

L'ignorance des ufages & des priviléges d'un Confeil de guerre , m'a expofé un inftant au mécontentement du Roi. Au lieu des Lettres de Nobleffe que l'enthoufiafme paffager de la Nation avoit femblé me décerner en Septembre , j'ai reçu en Octobre une Lettre de cachet , qui m'exiloit à *Chartres.* Ce châtiment paternel n'a point nui , je crois , à mon honneur ; mais il a rendu le courage à mes ennemis. Ils ont penfé que le moment étoit favorable ; que fi la reconnoiffance & l'eftime m'avoient donné des liaifons avec des hommes en place , elles étoient ou rompues , ou au moins affoiblies , puifqu'elles ne m'avoient pû fauver ce défagrément.

Le choix honorable qu'avoit fait de moi la Comteffe de Béthune pour foutenir fes droits au Parlement étoit connu depuis longtems : les papiers publics , trop fouvent chargés des anecdotes du Palais depuis qu'elles femblent avoir fixé l'attention du Public, l'avoient annoncé. Me Caillard, que ce choix mortifioit ; Me Gerbier, que ce choix allarmoit, formerent le complot de le faire échouer. Pour cela il falloit m'ôter le droit d'y répondre ; pour me l'ôter , il falloit un motif : où le trouver ? Ils manquoient même de prétexte. Les calomnies dont on avoit effayé de flétrir ma jeuneffe avoient été diffipées & anéanties par mon admiffion fur le Tableau. Depuis cette époque , ma conduite n'étoit pas même fufceptible d'examen : elle auroit fait baiffer les yeux à quiconque de ces furveillans fcrupuleux auroit ofé s'en rendre le Cenfeur.

Comment donc m'attaquer ? Ils s'affocierent avec les défenfeurs des V .... plus irrités peut-être que honteux de leur défaite, & déterminés à subſtituer le plaiſir de la vengeance à celui de la victoire. Ils appellerent les Avocats qui avoient eu le malheur de participer à la procédure, à la Sentence du Bailliage, qu'un autre malheur m'avoit forcé de diſcuter. Tous unis par un intérêt commun, ſe lierent par un ſerment réciproque : ils jurerent de publier que l'Ordre m'avoit exclu de la Plaidoierie, & pour réaliſer cette chimere, Me Gerbier ſe chargea de donner l'exemple d'y croire.

Tel étoit l'état des choſes, quand la bonté du Roi m'a rendu à mon cabinet : je trouvai, a mon retour de Chartres, mes Cliens interdits : on les effrayoit par la crainte de compromettre leurs intérêts en s'opiniâtrant à les laiſſer dans mes mains : on leur inſinuoit qu'ils aigriroient les Juges & perdroient leur cauſe par cette obſtination ; comme ſi la Juſtice avoit pu entrer dans ces miſérables petites rivalités ; comme ſi des Magiſtrats avoient pu être ſoupçonnés de juger des Procès d'après la perſonne des Avocats, & non d'après les raiſons qu'ils préſentent. C'eſt ſur-tout auprès de la Comteſſe de Béthune qu'on épuiſa ces aviliſſantes tentatives.

N'ayant jamais regardé le malheur de mes Cliens comme un bonheur pour moi ; n'étant point accoutumé à l'idée de me faire de leurs Procès un patrimoine, je voulois renoncer à une profeſſion qu'un honnête homme, à ce qu'il me ſembloit, ne pouvoit plus exercer ſans honte ou ſans danger. J'allois tout quitter : cédant comme les Cimon, les Miltiade, les Ariſtide à un oſtraciſme glorieux, je m'éloignois du Barreau en diſant comme ces illuſtres Martyrs d'une rivalité ombrageuſe ; ſi jamais la vertu & l'honneur rentrent dans cet aſyle, dont la corruption & l'iniquité m'éloignent, on montrera autant d'empreſſement pour m'y rappeller, qu'on déploye aujourd'hui de fureur pour m'en écarter.

La Comteffe de Béthune m'a fait un reproche de facrifier fes intérêts aux miens ; elle m'a conjuré au nom de
mes fermens & de fa famille défolée , de ne pas lui re-
fufer mes fecours; elle m'a fait voir qu'ils lui étoient d'autant plus néceffaires, qu'on mettoit plus d'acharnement à
l'en priver : j'ai cédé à fes inftances, malgré le fouleve-
ment de mon cœur indigné ; je n'ai rien refufé de ce qui
pouvoit diffiper ces complots odieux qui fembloient me
fermer le retour au Barreau : j'ai plus fait de démarches
qu'il ne m'en auroit fallu fi j'avois été coupable.

On m'oppofoit la répugnance du Parquet; je l'ai vain-
cue MM. les Gens du Roi ont fait le facrifice de leur
reffentiment à l'innocence de mes motifs.

On m'oppofoit un Arrêt rendu le 2 Juillet, qui fembloit , difoit-on , autorifer le prétendu vœu de l'Ordre.
Un nouvel Arrêt du 17 Janvier, a déclaré *qu'on ne pouvoit pas induire des termes du précédent que la Cour ait
jamais entendu me priver de l'exercice de mes fonctions.*

On defiroit le confentement, même des Avocats réfra-
ctaires. C'étoit me faire expier bien cruellement la gloire
de ma fermeté paffée. J'ai encore dévoré cette humilia-
tion. Je les ai vus : j'ai reçu d'eux des paroles ; Me Gerbier,
Me Caillard, leurs Confreres en Bailliage, voyoient échap-
per leur victime. Qu'ont ils fait ? Par une fuite de trahifons
dont je fupprime les détails, huit d'entr'eux fe font réunis
une premiere fois chez Me Gerbier lui même le 23 Janvier,
& treize au Palais le premier Février : dans l'une de ces
prétendus affemblées on avoit propofé de m'engager à
m'*abftenir volontairement de la Plaidoierie pendant un an* :
quatre hommes honnêtes & impartiaux qui s'étaient trou-
vés là fans y avoir été mandés , avoient rejetté ce ridicule
expédient. Le premier Février on prit mieux les mefures :
les huit du 23 Janvier fe trouverent avec du renfort au
Palais, là ils agiterent s'il y avoit quelque moyen de m'ex-

clure. Enfin treize prononcerent pour l'affirmative ; mais le bruit de cette étrange aſſemblée s'étant répandu , onze hommes équitables , dont pluſieurs ne m'ont jamais vu s'y rendirent , & s'oppoſèrent nettement à l'excluſion. Si les détails à ce ſujet n'étoient pas faſtidieux par la petiteſſe de l'objet , le récit du manége de Mᵉ Gerbier , l'art qu'il a prodigué ſur ce théâtre obſcur , ne ſeroit pas indigne de l'attention du Public. Il ſeroit curieux de voir avec quelle fineſſe , en excitant ſes dociles agens à montrer de la fureur , il affectoit du calme ; comment voyant le projet de l'excluſion rejetté & la raiſon près de l'emporter , il a propoſé lui-même l'extravagante ſuſpenſion conçue & adoptée chez lui le 23 ; & comment par la déſertion d'une voix il eſt parvenu, la ſienne compriſe, à en compter quatorze qui la ratifioient , contre dix qui l'ont opiniâtrement rejettée. Cette modification ſuffiſoit apparemment à Mᶜ Caillard & à lui. Elle offroit un prétexte pour m'enlever à la Comteſſe de Béthune. Seroit-il poſſible qu'ils ſe fuſſent flattés que preſſée par le tems , elle ne pourroit diſpenſer de retomber dans les bras qui l'avoient ſi foiblement ſervie au Châtelet; & que défendue par l'un d'eux , elle ſuccomberoit infailliblement ſous les efforts de l'autre.

Et voilà donc où en eſt réduit le Barreau ? Voilà les manœuvres que ſe permettent des hommes qui prétendent à la gloire de l'éloquence & qui ſe diſent les vengeurs , les reſtaurateurs de l'honneur d'un Ordre dévoué au maintien des loix. Prouvons que les Tribunaux doivent ſévir contre ce délit d'un genre nouveau , & que ceux que la confiance publique a prépoſés pour réclamer l'exécution des loix , n'ont pas le droit d'aſſaſſiner impunément leurs Confreres & leurs Cliens ſous les yeux & dans le Temple de la Juſtice.

§ I I I.

La Délibération du premier Février est illégale.

L'état d'un Citoyen est la portion la plus précieuse de
son existence ; & quand cet état tient à son honneur,
quand on ne peut le lui enlever sans le couvrir d'opprobre , il devient bien autrement intéressant pour lui , &
plus respectable pour quiconque seroit tenté d'y porter
atteinte. Voilà des principes triviaux , & que tout homme capable de réfléchir trouvera dans son cœur.

Les Membres de la Société ont pour surveillans & pour
protecteurs, s'ils en sont dignes ; ou pour réformateurs, s'ils
le méritent, les Tribunaux ordinaires. Les Avocats trouvent les mêmes secours ou la même sévérité dans le sein
de leur Ordre. Un usage devenu Loi , & justifié par les
motifs les plus sages, ainsi que par l'expérience la plus honorable, comme je l'ai déjà dit , assure à cet Ordre la prérogative d'exercer une discipline absolue , une police despotique sur tous ses Membres. Il a sur eux le droit de
vie & de mort. C'est une démocratie parfaite : on y retrouve le Gouvernement d'Athènes dans ses beaux jours ,
& souvent son éloquence & ses vertus. A Dieu ne plaise
que j'en attaque les prérogatives & les franchises! J'ai trop
hautement soutenu les unes & les autres pour qu'on puisse
me soupçonner jamais de chercher à les détruire. Elles
sont précieuses, elles sont respectables , & ce sont aussi
précisément elles que je réclame. Ce sont elles que j'accuse
mes antagonistes de violer.

Sans doute, si dans une cause suspecte un homme d'une
réputation équivoque produisoit , dans l'arène sacrée de
la Justice , un Défenseur flétri , soit par une exclusion
légale , soit par quelque désordre honteux & notoire dont

il auroit plutôt évité le châtiment que l'ignominie ; les interprêtes des Loix pourroient le croire humiliés par une semblable concurrence. Ils seroient autorisés à fuir une lutte où la victoire seroit peu honorable, & la défaite infamante. Comme Alexandre disoit : si vous voulez que je combatte donnez-moi des Rois pour rivaux ; ils auroient droit de crier aux Juges & aux Parties, ne souffrez ici que des concurrens honnêtes, ou pardonnez-nous d'abjurer des fonctions que l'on veut avilir.

Mais quand dans une affaire qui partage les Jurisconsultes, une famille distinguée présente un Défenseur légalement autorisé, annobli peut-être par le vœu de la Nation, ou du moins par sa conduite & les sentimens de son cœur ; que deux hommes guidés par des motifs de rivalité, de jalousie, par de plus bas encore peut-être, forment une ligue pour l'exclure avec ignominie ; qu'ils osent souiller le nom d'un Ordre composé de plus de six cens hommes éclairés & vertueux, qu'ils n'ont point consultés, en les donnant pour complices & pour garans de cette iniquité outrageante ; que l'objet de cette cabale honteuse se trouve tout d'un coup chargé du déshonneur attaché au crime, sans avoir de ressource pour se défendre ; qu'on ose se flatter que les Tribunaux se fermeront non-seulement, aux besoins des Cliens qui ont eu le courage de l'apprécier & de lui rester attachés, mais même à sa propre justification ; que les intérêts des uns soient compromis s'ils ne renoncent à se servir des talens qu'ils croyent à l'autre & des lumieres qu'ils lui supposent ; ce n'est plus là le privilége des Avocats : c'est une insulte faite au bon sens, à l'humanité, à la Justice, c'est encore une fois un assassinat d'une espéce inouie jusqu'à nos jours. Et si, sous prétexte de la liberté d'un Ordre, il en existoit un dans la Société où une pareille licence fut tolérée, celui là deviendroit bientôt l'opprobre ou le fléau de tous les autres. Voilà cependant à la lettre ce qui se pratique envers moi à l'instigation de Me Gerbier.

Tout

Tout Avocat infcrit fur le Tableau, a inconteftable-
ment le droit de plaider & d'écrire. Toute Partie qui
en confultant cette lifte glorieufe y a choifi un nom, ne
peut être forcée de changer fon choix que par la mort
civile ou phyfique de celui qui le porte. La mort civile
d'un Avocat eft *la radiation*; mais pour le condamner
ainfi au dernier fupplice, croit-on qu'il n'y ait aucune
formalité à obferver , aucune précaution à prendre ?
L'honneur d'un homme deftiné à défendre celui des autres, feroit-il fubordonné au caprice de quiconque vou-
dra l'attaquer ?

Une régle facrée, établie & jamais violée jufqu'ici, a
ftatué qu'un Avocat fur le Tableau n'en pouvoit être rayé
que par une affemblée générale de l'Ordre, convoquée &
préfidée par le Bâtonier ; que même pour une fimple fufpenfion, il falloit une affemblée également convoquée &
préfidée par le Bâtonier, & compofée au moins des anciens Avocats avec les Députés des Bancs. Cet ufage
eft fondé fur un axiôme de Jurifprudence, ou plutôt de
raifon univerfellement confacré : c'eft qu'on ne peut être
deftitué, que de la même maniere que l'on a été *inftitué* ;
c'eft qu'on ne peut perdre une qualité qu'on a , que par
l'intervention du même pouvoir de qui on l'a reçue. Or
l'admiffion au Tableau étant réellement l'ouvrage de la
feconde de ces affemblées , & cenfée ratifiée par la premiere, la radiation, même provifoire en exigeoit au moins
une des deux. Ici l'une ou l'autre a t-elle eu lieu ? Non,
& on ofe affirmer que je fuis rejetté par l'Ordre !

Quoi ! quatorze hommes qui, dans le conciliabule même
auquel ils tâchent d'approprier ce nom qui les condamne,
ont trouvé dix contradicteurs inébranlables , prétendront
enchaîner par leurs décifions paffionnées, fix cens de leurs
égaux qui n'ayant ni concouru, ni voulu concourir à la condamnation de leur Confrere, font cenfés avoir vôté pour
fon abfolution ! Ils fe prétendront les Maîtres exclufifs du

D

Barreau! Quiconque aura le malheur d'être préféré à Me Caillard pour foutenir, fur l'appel, des caufes que celui-ci aura perdues en premiere inflance ; quiconque aura fait faire à Me Gerbier un effai malheureux en débutant dans la carrière, & lui aura fait fentir qu'un cœur noble eft préférable dans ce faint miniftère à un organe brillant ; quiconque fera forcé de difcuter des Sentences du Bailliage du Palais, & réuffira à arracher à cette Jurifdiction une proie qu'elle fe flattoit d'égorger avec pompe aux pieds de l'impofture ou de l'erreur ; tous ceux qui auront avec moi cette trifte reffemblance de fuccès & de fermeté, feront égorgés eux-mêmes au lieu de la victime qu'ils auront fauvée, ou ils expieront par de longues humiliations l'enthoufiafme courageux qui les aura rendus redoutables ! Que deviendront donc les régles, que deviendront les idées reçues, que deviendra l'exiftence des hommes fi un pareil abus eft toléré, & furtout au Barreau ?

Cette prétendue délibération n'offre qu'une affemblée fans Chef & un Corps fans tête. Profcrite par le nombre infiniment grand de tous ceux qui n'y ont pas concouru, réprouvée par la partie la plus honnête de ceux même qui ont eu la complaifance d'y concourir, elle ne préfente qu'un monument fâcheux des excès où la fureur & l'intérêt peuvent emporter des hommes faits pour être fages & défintéreffés. Du côté du réfultat, elle ne mérite donc aucune attention de la part des Magiftrats.

Mais fi on l'envifage par la maniere même dont ce réfultat s'eft formé, combien deviendra-t-elle plus odieufe & plus aviliffante ! fuppofons qu'en effet quatorze perfonnes fans miffion, fans autorité, fans pouvoir d'aucune efpéce, malgré mes proteftations le plus folemnellement énoncées, euffent le droit de me citer devant elles & de me juger : au moins pour donner à cette fcène l'apparence d'équité qui pouvoit feule en affurer le fuccès, falloit-il y refpecter les bienféances & la forme des jugemens. Une des premieres, c'eft de rejetter les voix de tous les Juges réculés pour de juftes caufes ; c'eft de ne pas recevoir leurs opinions ; c'eft même de les engager à ne point gêner par leur préfence celles des collégues défintéreffés à qui le fort de l'accufé eft foumis. Un principe d'honnêteté n'admet pas même à opiner dans une Sentence, quiconque ayant eu des démêlés vifs ou récens avec la partie, peut être foupçonné d'en conferver encore du fouvenir & du reffentiment. Comment donc fe fait-il qu'un des Défenfeurs des Vérons, & leurs protecteurs au Bailliage, n'ayent pas rougi, l'un de porter fon fuffrage, les autres d'affermir par leur préfence & leurs exhortations, les réfolutions chancelantes de quelques-uns de leurs partifans, au cœur de qui la raifon & la vérité fe faifoient entendre ? Voilà déja qui eft bien étonnant, mais voici qui l'eft encore bien plus.

Me Gerbier ne s'étoit pas trouvé la veille à une affemblée préliminaire qu'on avoit deftinée à préparer celle du premier Février, où l'on avoit confacré, aiguifé avec de certaines cérémonies le poignard avec lequel on devoit me facrifier le lendemain. Je m'étois trouvé à celle-là. Me Gerbier s'en doutoit : il n'aime ni en particulier, ni en public, la rencontre d'un homme fincere ; il fit dire, il écrivit qu'il étoit malade, que *fon Médecin l'avoit condamné à refter au lit, à des apoʒèmes, &c* ; Il ne parut pas ce jour-là. Le lendemain il étoit naturel que je ne me préfentaffe pas, puifque j'avois protefté la veille contre l'incompétence de toute affemblée de ce genre. Me Gerbier apparut tout d'un coup au milieu de fes partifans. Il n'avoit point l'extérieur lugubre, que donne l'uniforme du Barreau : foit pour conferver l'idée de fa maladie par l'affectation d'un refte de foibleffe, foit pour conftater fon defpotifme fur fes partifans, pour leur faire voir que par-tout où ils s'affembloient, il fe croyoit chez lui, & prouver leur dépendance en leur montrant tout son mépris, il étoit en petite redingote grise, fourrée, élégante, avec une bouteille de look à la main.

Au moment où il se préparoit à opiner avec cet équipage, on l'avertit qu'il devoit au moins se piquer de quelques égards, qu'il étoit en Procès avec moi, que ma plainte étoit rendue contre lui, qu'il devoit s'abstenir de voter. Déconcerté de cette déclaration, il donna sa parole qu'il n'opineroit pas, mais il fit un signe des yeux. Ses dociles agens s'écrierent aussi-tôt que celui qui l'avoit averti s'étant par-là déclaré de mes amis, devoit sortir de la Salle. Et en effet, il fut exclus ; mais Me Gerbier resta, & délivré de ce témoin gênant, non-seulement Me Gerbier a opiné, mais sa voix a été reçue ; mais elle a été comptée.

Quel est le Tribunal où de semblables manœuvres resteroient impunies ? Les hommes qui ont contracté l'engagement de les dévoiler pour le salut des autres, seroient-ils donc les seuls à qui, ou contre qui elles seroient permises ?

§. I V.

La Délibération du premier Février est un vrai délit dans l'ordre politique.

Ou les treize associés de Me Gerbier ont prétendu porter un jugement, ou ils ne l'ont pas prétendu. Dans le second cas, ils n'ont fait que se livrer à un excès deshonorant pour eux & impuissant contre moi. Dans le premier, ils ont commis un véritable crime, qui les expose à un châtiment sévere, s'il existe encore quelque respect pour les Loix.

Toute assemblée clandestine est proscrite par la Police. Toute assemblée faite sans autorisation est clandestine : or, aſſurément aucun de ceux qui compoſoient celle du premier Février n'avoit ni pouvoir pour la convoquer, ni caractere pour y paroître (1). Si les Compagnies régulieres auxquelles le Prince a diſpenſé une portion toujours exiſtente de ſon autorité ſont aſtreintes à des regles quand elles veulent exercer ce pouvoir, qui n'eſt jamais ſuſpendu, à combien plus forte raiſon les uſages, les formes conſacrées doivent-elles être inviolables pour celles qui n'ont qu'une juriſdiction momentanée, & qui ne l'acquierent qu'à l'inſtant où elles reçoivent de l'exécution ſcrupuleuſe de ces mêmes formes une ſorte de création ſpéciale qui la leur confere & la limite ?

Si une aſſociation qui s'en eſt diſpenſée, même ſans objet criminel, eſt un délit, combien plus coupable encore eſt celle qui tend à priver un Citoyen de ſon état, de ſon honneur, & qui l'en prive ? Juger, c'eſt exercer la Souveraineté. Juger ſans pouvoir, c'eſt l'uſurper ; & juger à mort ſans pouvoir, c'eſt un crime de lèze-Majeſté au premier chef. Or, je l'ai déjà dit, la perte de l'état eſt pour un Avocat une véritable mort, parce qu'il ne peut pas vivre ſans honneur, & que néceſſairement la perte de cet état le couvre d'ignominie.

Au reſte, j'aurai bientôt occaſion de développer ces principes avec toute l'étendue qu'ils méritent. J'ai rendu plainte contre Me Gerbier, pour fait de cabale & de calomnie. (2) Quand l'information m'aura procuré les preu-

(1) Les onze Avocats qui ſe ſont déclarés en ma faveur ne ſe ſont rendus à cette aſſemblée ſéditieuſe, que pour en tempérer, s'il étoit poſſible, les écarts, & en combattre les réſolutions. Beaucoup d'autres auſſi bien intentionnés, mais plus foibles, ou plus ſcrupuleux, n'ont oſé s'y trouver : c'eſt l'avantage que la fureur a ſur l'honnêteté. L'une eſt toujours audacieuſe ; l'autre toujours timide.

(2) Il y a quelques Avocats à qui une plainte rendue contre des Confreres, a paru dure, & qui m'ont reproché d'attaquer par là moi-même les prérogatives de l'ordre que je réclame. Cette obſervation eſt bien injuſte. Que fais je ici autre choſe que me défendre ? Que l'Autorité qui me doit ſecours & protection contre les cabales nées dans le ſein de l'Ordre ſe réveille : que notre Bâtonnier, que les Anciens, que le Corps me rendent juſtice, je ſuis prêt à leur ſoumettre mes trop équitables griefs. Mais pendant leur ſommeil, faut-il me laiſſer condamner,

ves légales du délit dont je pourfuis la réparation , je prouverai combien il importe à l'ordre public en général , & à l'ordre des Avocats en particulier , qu'elle foit éclatante & complette.

§. V.

La Délibération du premier Février eft attentatoire à l'autorité de la Cour.

Non-feulement ce conventicule féditieux bleffe toutes les Loix reçues de la Police & de l'Ordre Public; mais dans ce cas ci, fa prétendue décifion devient un outrage perfonnel pour le Parlement, & une révolte contre fes Arrêts.

Le premier, celui du 2 Juillet 1773, me recommandoit de *refpeder* des perfonnes refpectables, & annonçoit la poffibilité d'une peine dans le cas d'infraction; mais c'eft précifément cette perfpective d'une peine à venir qui prouve que l'application ne pouvoit en avoir lieu pour le moment. Que diroit-on d'un Régiment qui refuferoit d'obéir à fon Colonel, fous prétexte que le Prince l'auroit averti d'être plus réfervé, *à peine d'être caffé?* Jamais jufqu'à préfent, perfonne ne s'étoit avifé de confondre la menace

exécuter par des factieux qui ufurpent leur nom ? & ne dois-je pas recourir à l'autorité des Tribunaux, contre des attentats dont les Juges naturels ne fe montrent pas? Au refte, Me Gerbier, qui apparemment a le cœur très-gai, plaifante, à ce qu'on me dit, du fujet de ma plainte : il prétend que je n'ai pu, le 13 Janvier, entendre les propos que je lui reproche, que par la ferrure, & *voilà ce que c'eft*, dit-il, *que d'écouter aux portes.* Il fait bien de rire, tandis qu'il en a encore le tems. Mais il fe trompe. Pour avoir l'oreille frappée de fes éclats, & diftinguer à quel excès la paffion, l'emportement rendoient fa voix tonnante, il n'étoit pas befoin de s'approcher de la porte. J'ai très-bien & tout entendu de la cheminée où j'étois, dans la chambre voifine de celle où il fe livroit à de fi étranges fureurs. Quand M. le Maréchal de Broglie eft entré dans cette piece, où il ne me cherchoit pas, affurément il ne m'a pas trouvé dans l'attitude d'un curieux qui cherchat à furprendre des fecrets ; mais dans l'agitation d'un homme bonnête, qui étant inftruit malgré lui d'une animofité fi indécente, balance entre une vengeance fubite, ou la lenteur des pourfuites judiciaires.

d'un châtiment avec le fupplice. Falloit-il que des Avocats infpirés par Me Gerbier, donnaffent l'exemple de cette étrange méprife.

Mais le fecond Arrêt eft bien plus fort. Il déclare que perfonne ne pourra *induire du premier, que la Cour ait jamais entendu priver ledit Linguet de l'exercice de fes fonctions.* Si les quatorze Avocats, *foi-difant l'Ordre*, préten-dent que je fuis inculpé, taché par l'un de ces prononcés, ils devroient bien fentir que je fuis juftifié par l'autre. Puifque le premier défend de tirer de celui du 2 Juillet, aucune conféquence défavorable à mon état, tout Parti-culier qui s'en fert comme d'un prétexte pour m'en priver, défobéit au Parlement, & devient un rébelle contre qui l'autorité doit févir.

Si c'étoit vraiment l'Ordre entier qui eût pris ce parti, c'eft autre chofe. Quoique convaincu de mon innocence, quoique défendu par la Loi, je ne pourrois que gémir de voir l'une violée & l'autre méconnue. Je me foumettrois fans murmure, parce que ce feroit la volonté du Corps dont j'ai juré d'être Membre. Je ne fçaurois point reclamer contre une exclufion dont la forme couvriroit l'injuftice.

Mais encore une fois, que quatorze individus fans miffion, quatorze atômes que le feul defir de nuire a liés, s'arrogent fans fcrupule cette Jurifdiction terrible, que l'affociation entiere ne déployeroit pas fans trembler ; qu'ils fe flattent d'enchaîner par une confédération féditieufe, & les fuffra-ges de tous leurs Confreres qu'ils infultent & qu'ils dé-pouillent, & les volontés d'un Tribunal dont ils foulent aux pieds les Arrêts, c'eft le comble du délire de leur part ; comme ce feroit celui de la foibleffe de la mienne fi je le fouffrois en filence,

§. V I.

La Délibération du premier Février est absurde.

Mais vous donnez , diront-ils, trop d'étendue à une peine qui est bornée , & trop d'éclat à une correction fraternelle qu'il falloit subir dans le silence. Nous ne vous avons pas privé de votre état : Nous n'avons fait que vous en suspendre pour un an. La suspension n'est même pas générale. Nous n'avons pas entendu enchaîner votre plume. Nous n'avons voulu fermer que cette bouche orageuse , qui ne peut s'ouvrir sans qu'il s'en élance des tempêtes. Conservant le droit d'écrire vous vous retrouvez dans la même position où vous étiez avant que vous vous fussiez attaché à la plaidoierie.

Je vous entends, Casuistes délicats. C'est une *pénitence* que votre Chapitre a voulu m'imposer pour l'expiation de mes fautes : un proverbe trivial veut que *l'on soit puni par où l'on a péché :* Vous voulez faire tomber le châtiment sur la partie de moi-même, dont l'usage vous a le plus choqué : mais pour ramener dans ces tems corrompus l'austérité de la Thébaïde , Pere Gerbier & vous ses dévots assistans , songez-vous qu'il faudroit au moins être conséquens. Vous prétendez m'interdire la parole , & pourquoi ? Parce que j'ai outragé mes Confreres, parce qu'en discutant une Sentence rendue malheureusement par des Avocats, j'ai prouvé qu'elle étoit contraire à la raison, à la justice , aux loix ; que le préjugé l'avoit dictée comme la prévention, pour le moins, avoit dirigé la procédure dont elle étoit le complément. Mais ce n'est pas à l'Audience que j'ai commis ce délit. Ce n'est pas ma bouche qui a déchiré ces Confreres si sensibles : c'est ma plume. C'est dans un écrit que j'ai fait voir à quel point ils s'étoient laissés aveugler dans l'exercice des fonctions auxquelles la seule idée que l'on avoit de leurs lumieres avoit fait appeller

le

le Siége où ils étoient affis. C'eft donc le droit d'écrire qu'il falloit m'enlever, puifqu'on vouloit une fatisfaction du même genre que l'offenfe ; & cependant on punit précifément ma bouche, qui n'a point failli ; on ménage ma plume, qui a fait tout le mal. Eft-ce donc une fatalité attachée à tout ce qui touche le Bailliage du Palais, qu'il n'en émane rien que de contradictoire ? Ses vengeurs ont-ils cru devoir multiplier les abfurdités pour le confoler d'avoir rendu une Sentence abfurde & atroce ?

Renvoyons aux déferts de Sceté l'ufage de ces macérations expiatoires que le fcrupule embraffoit avec complaifance. Ne difputons pas à la difcipline ecclefiaftique le droit d'interrompre par une fufpenfion momentanée quelques-unes des prérogatives d'un caractere indeftructible. Laiffons à l'ordre civil celui d'attacher aux décrets qu'il lance l'interdiction légale des principales fonctions d'un Citoyen. Un Moine après une fatisfaction canonique, un Prêtre après avoir recouvré fes pouvoirs, un accufé après avoir purgé fes décrets, fe retrouvent ce qu'ils étoient auparavant, & n'ont même pas ceffé de l'être pendant qu'a duré l'interdit momentané auquel ils ont été foumis ; mais en eft-il de même d'un Avocat ? Interrompre des travaux qui ne fe foutiennent que par un enchaînement non interrompu, c'eft le condamner à une oifiveté éternelle : autorifer le Public à penfer qu'il a été un moment indigne de fa confiance, c'eft la lui enlever pour toujours. Ainfi quand cette fufpenfion prononcée contre moi ne feroit pas modifiée par une reftriction abfurde, elle feroit meurtriere & révoltante ; elle iroit contre le vœu apparent de ceux qui l'ont réfolue ; elle équivaudroit à une exclufion entiere que les treize foi-difans n'ont cependant, difent-ils, pas eu en vue.

Mais avec la reftriction qu'ils y ont apportée, elle devient le dernier dégré de l'abfurdité. Je pourrai écrire &

non pas parler. Eh depuis quand a-t-on vu un Avocat muet?
Depuis quand a-t-on fuppofé qu'on pouvoit être un quart,
un tiers d'Avocat? Tout homme appellé à cette profeffion
choifit librement entre les deux manieres de l'exercer. Si
la nature ou le courage lui donnent affez de force pour les
embraffer toutes deux à la fois, il en a la faculté ; s'il fe
fixe à une feule, c'eft de fon libre arbitre uniquement
que doit dépendre fon élection. Il faut qu'un Avocat foit
tout ce qu'il peut être, ou il n'eft rien. Le confiftoire
de Mᶜ Gerbier viole les loix de l'équité, celles de la
bienféance ; il ne refpecte donc pas davantage celles du
bon fens.

Cependant je me trompe peut-être. Ses treize Affociés ont très-bien fenti l'abfurdité qu'ils commettoient. Le
ridicule de cette diftinction inouie ne leur a pas échappé ;
mais ils ont mieux aimé s'y devouer que de ne pas confommer leur vengeance. Ils ont bien fenti que de m'enlever
le droit d'écrire paffoit leur pouvoir, même celui qu'ils ufur-
poient ; que ni les Juges, ni les Cliens ne fouffriroient qu'on
vint m'arracher la plume de la main dans mon Cabinet, au
lieu qu'ils fe font flatté de fubjuguer le Parlement par la menace d'un fchifme, & d'intimider ce Tribunal, en lui faifant
craindre de voir les Audiences défertes, faute de contradicteurs quand j'y paroîtrois. Mais alors le fang-froid avec
lequel ils ont pefé toutes les circonftances, & les effets de
leur démarche n'eft qu'un attentat de plus, & la reftriction
apportée par eux-mêmes à leur fantôme de délibération pour
la rendre plus efficace, ne fait que la rendre tout à la fois
plus criminelle & plus frivole.

Peut-on, d'après tant de preuves, fe méprendre à l'efprit qui a dirigé cette étonnante Délibération? N'eft-il
pas évident qu'elle a été conçue, infpirée, dictée par des
hommes à qui la carriere de l'écriture étoit indifférente,
& qui me font l'honneur de me redouter dans celle de la

parole ? Me Caillard, Me Gerbier, doués l'un du plus abon-
dant *parlage* , l'autre du plus brillant organe dont ayent
jamais retenti les voûtes du Palais, se piquent peu de sou-
mettre aux réflexions du Lecteur les choses qu'ils hasar-
dent à l'Audience, à la faveur d'une volubilité qui remplit
les oreilles ou d'un éclat qui les étonne. Peut-être ont-ils
cru que sans cette voix imposante & ce flux perpétuel qui les
distingue , je pourrois être un jour un rival redoutable pour
eux en réunissant la facilité du cabinet à l'habitude du Barreau. Me voyant armé d'une épée à deux tranchans , ils ont
tâché de me réduire à ne pouvoir me servir que d'un seul
pour ramener entr'eux & moi une égalité que je n'ambi-
tionnois pas.

Mais voici quelque chose de bien plus fort ; voici une
étrange anecdote, qui met le comble à tout , & joint une
bassesse incroyable au ridicule excessif qu'a offert jusqu'ici
la Délibération du premier Février. Le jour que j'ai vu
Me Gerbier , & que j'ai reçu de lui la parole dont une
perfidie l'a dégagé, il avoit affecté avec moi une effusion
de cœur qui lui coûte peu ; il m'avoit assuré qu'on avoit
bien tort de penser que la jalousie entrât pour rien dans
ses refus de se mesurer avec moi ; qu'il alloit quitter le
Palais, *que le seul dérangement de ses affaires l'y avoit ra-
mené ; qu'il avoit à* PIOCHER *encore* UN AN *pour en remplir
le vuide*. Voilà ses propres termes.

Maintenant que l'on rapproche le tems de ma pénitence
de celui que Me Gerbier compte encore *piocher* ; qu'on
songe que c'est chez lui, dans un conciliabule de sept de ses
amis , que cette étrange idée a été d'abord conçue & adoptée le 23 Janvier; qu'on fasse attention que c'est lui qui, le
premier Février, après avoir promis de ne pas opiner , a de
nouveau proposé contre moi cette abstinence pitagoricienne,
dont il se flattoit de recueillir le fruit, on verra à quel point
tout a été mené par la plus vile complaisance pour ses
intérêts.

Je ne fais aucune réflexion fur cet odieux & flétriffant complot ; mais je mourrois de honte & de remords, fi j'avois été l'auteur ou l'inftrument de quelque chofe qui y reffemblât.

§ VII.

La Délibération du premier Février eſt injuſte.

C'eft peu d'être illégale, criminelle, abfurde dans la forme : la confédération que j'attaque ici n'eft pas moins injufte en elle-même. Le fonds en devient plus révoltant encore que les acceffoires.

Que me reproche-t-on ? Une vivacité trop ardente, un emportement inconfidéré. Je veux bien ne pas examiner ici fi ces prétendus tranfports, devenus fi funeftes pour moi, n'étoient pas néceffaires dans les circonftances ; je veux bien compter pour rien le fuccès qui en a confacré le motif, & oublier que le Comte de Morangiés n'a peut-être été reconnu innocent que parce que la conviction de fon innocence m'a fait braver mille perils pour la démontrer ; mais enfin il faut de la proportion dans les peines.

La Loi du Talion eft la plus rigoureufe de toutes ; il falloit l'obferver. J'ai outragé, dit-on, les Juges du Bailliage, à la bonne heure : mais trois mois de courfes, de follicitations, de tentatives ; mais la condefcendance de comparoître deux fois devant eux & leurs Affociés, d'y comparoître dans la pofture d'un accufé ; mais les calomnies horribles que Me Gerbier s'eft permis d'articuler contre moi devant un Tribunal de fa création, affemblé par lui pour me juger, me condamner, m'exécuter ; mais la pitié perfide, mais l'intérêt aviliffant qu'il a ofé montrer en ma faveur par un dernier rafinement de trahifon, pour ramener au parti de la fufpenfion annuelle, des efprits, qui, parmi fes fectateurs mêmes, étoient révoltés de l'idée d'une exclufion totale : ne font-ce pas-là des outrages?

Quelque foit l'affront qu'on m'accufe d'avoir pu faire aux Affeffeurs du Baillif du Palais, n'eft - il pas plus que fuffifamment expié par tant de déboires, par tant d'humiliations toutes accumulées fur un homme qui affurément n'en méritoit aucune. En difcutant leur Sentence, leur ai-je enlevé leur état? Quand cette difcuffion leur auroit fait perdre leur honneur, ce ne feroit pas à moi qu'il faudroit s'en prendre, mais à la vérité : une calomnie ne deshonore point.

Sans l'Arrêt, tout ce que j'ai pu dire de plus violent contre eux, n'auroit tourné qu'à ma honte : c'eft donc l'Arrêt dont ils doivent fe plaindre; c'eft donc au Parlement qu'ils doivent interdire les Audiences, fi c'eft là la peine due à quiconque ofera croire que des Baillis du Palais, même affiftés de fix Avocats, peuvent rendre des Sentences injuftes. Quoi! l'innocent que j'ai défendu a été abfous; les coupables que j'ai dénoncés ont été punis; le Jugement que j'ai attaqué a été reformé dans toutes fes parties, & les Juges qui ont couru le rifque d'opprimer l'innocence, de favorifer l'iniquité, auroient le droit de confommer, par une confédération obfcure, celle qu'ils n'ont pu commettre avec les formes de la Juftice. Ils m'ôteroient donc mon honneur & mon état, pour fe dédommager de ce que le C. de M. jouit encore par moi de l'un & de l'autre. Les Annales de l'Hiftoire n'offriroient point d'exemple d'une perfécution plus criminelle tout à la fois & plus inconféquente. Et, quel auroit donc été mon fort, fi le C. de M. avoit été coupable?

Mais enfin ils ont décidé qu'il leur falloit une réparation. Et bien ! ils l'ont obtenue du Parlement. La Cour en renvoyant le Comte de Morangiés abſous, a ſup-primé de ſes Mémoires ce qu'on a trouvé de trop fort contre les premiers Juges qui l'avoient déclaré coupable, & condamné à des peines infamantes, contre les premiers Juges qui avoient eu le courage de l'interroger ſur la ſellete, & celui de lui impoſer une reſtitution de 300000 livres qu'il n'a jamais touchées. Un des axiomes de la Juriſ-prudence criminelle, c'eſt qu'on ne peut pas être puni deux fois pour le même fait. Si les Juges du Bailliage veulent une autre ſatisfaction que l'Arrêt, qu'ils y renoncent donc : qu'ils conſentent à la priſe à partie. Rentrons en lice, & que non-ſeulement l'état, mais la tête de celui qui ſuccombera, dé-pende des preuves : je ſuis tout prêt. S'ils préferent pru-demment de s'en tenir à l'Arrêt, qu'ils renoncent donc à une réparation poſtérieure ?

Prétendroient-ils qu'il leur en eſt dû deux, parce qu'ils ont les deux qualités de Juges & d'Avocat, & qu'étant vengés comme Aſſeſſeurs d'un Bailli, ils ne le ſont pas comme Juriſconſultes : mais ce ſeroit-là, qu'il ſoit permis de le leur dire, un double emploi que la juſtice n'admet point. C'eſt préciſément parce qu'ils ſont Juriſconſultes éclairés qu'il ne leur convient pas de le propoſer.

Mais, dira t-on, ce ne ſont pas les Juges du Bailliage ſeuls qui ſe ſont reſſentis de votre mordante véridicité, tous vos Confreres s'en plaignent. Ils diſent qu'ils ne vont point à armes égales au combat avec vous : On vous égratigne & vous déchirez. Vous avez changé le ton du Barreau. Vous en avez fait une arène de gladiateurs, &c. Voilà les propres termes dans leſquels on a développé les accuſa-tions portées contre moi à la confédération du premier Février. Rien n'eſt plus faux que la premiere.

J'ai plaidé bien des fois contre pluſieurs de mes Confreres ſans qu'ils aient eu à ſe plaindre de moi, ni moi d'eux.

Me Gerbier lui-même, il y a deux ans, s'en est loué dans la Caufe du fieur Gobault. Il n'y en a que trois où j'aie mis, depuis que je me fuis rifqué à plaider, une chaleur néceffaire. Ce font celles de la Ducheffe d'.... de la Dame de Bombelles & du M .... de G ....; mais dans celles là j'ai été attaqué. Je l'ai été avec fi peu de ménagément qu'il auroit fallu une patience plufqu'humaine pour renoncer à la replique. Il n'y a pas d'appréciateur impartial qui ne juge que j'ai été plus à plaindre qu'à blamer.

J'ai changé le ton du Barreau ! Eft-il vrai d'abord qu'il foit fi fort changé. J'ai lu tous les recueils de plaidoyers que je connois, ceux des Sainte-Marthe, des Corberon, des Galland, des Gauthier, des Patru, des Lemaitre. J'ai entendu parler de ceux des Cochin, des Lenormand, des Aubry, des Gueaux de Réverfaux. Il m'a paru que dans tous les tems le Barreau avoit été une lice où chacun s'étoit produit avec toutes fes facultés, & qu'on n'avoit jamais preffé une de ces abeilles fans en recevoir un coup d'aiguillon. Quand j'aurois imité cette force ou cette foibleffe, où feroit mon crime ?

Mais enfuite je fuppofe qu'il foit en effet arrivé quelque altération dans le ton du Barreau, pourquoi me l'attribuer à moi feul ? Seroit-ce parce que j'aurois eu le malheur d'y apporter un vifage inconnu, & qu'en voyant un effet nouveau, on auroit cru devoir en accufer l'Avocat le plus nouvellement arrivé. Pourquoi ne pas l'imputer aux circonftances; à l'abfence des talens que la Juftice regrette encore, & qui y auroient foutenu le ton honnête, quoiqu'animé de l'émulation, au lieu des invectives groffieres que la jaloufie y a introduites ? Pourquoi n'en pas foupçonner l'aigreur que doit produire néceffairement l'alliage de trois efpéces d'Orateurs, dont la plus ancienne preffée entre les deux autres, contribue elle-même journellement à fa dégradation par les divifions honteufes qui la déchirent ?

Et mes accusateurs, mes prétendus juges, Me Gerbier & ses semblables, sont-ils donc si honnêtes ? A-t-on jamais affecté un despotisme plus insultant, une supériorité plus injurieuse, un ascendant plus outrageux que Me Gerbier ? La premiere cause de son animosité contre moi, ne vient-elle pas de ce qu'au premier choc, au Châtelet, je ne me suis pas soumis à cet empire, que son organe affectoit sur tout ce qui osoit l'approcher. Jeune & foible comme David, j'ai osé, dès la premiere fois, me mesurer d'égal à égal avec ce nouveau Goliath, & le Philistin ne me l'a jamais pardonné.

Pourquoi donc n'a-t-il pas la réputation de malignité qu'on me prête ? Pourquoi ! Par bien des raisons. Parce que de tout tems un très-grand manége a soutenu l'idée qu'on vouloit faire prendre de son éloquence ; parce qu'en débutant, il a eu soin de se mettre sous les aîles d'un homme du plus grand mérite, & qui avoit subjugué ses Confreres, & le Public ; parce qu'un long usage a accoutumé le Barreau à ce ton qui lui a été transmis avec sa réputation, & surtout parce que quand ce parleur sonore a cessé de retentir aux oreilles, le souvenir de tout ce qu'il a dit s'efface, comme les sons produits par les ondulations d'un timbre harmonieux. Il ne confie rien au papier de ce qu'il a pu hasarder aux audiences ; au lieu que moi, n'ayant aucun de ses autres avantages, mais n'ayant pas besoin de cette circonspection forcée ; tenant de la nature & de l'habitude du travail la facilité de rendre l'impression dépositaire de mes paroles, elles semblent porter contre moi un témoignage toujours subsistant. Quand la nécessité d'une juste défense m'arrache quelque expression énergique, on oublie l'attaque, on a sous les yeux la réponse, & l'on me juge méchant, précisément d'après la piéce qui devroit prouver que je ne le suis pas.

Que des hommes honnêtes & faits pour exister sans manege ; que de véritables Avocats, tels que Me *Aubry*, Me *Legouvé*, Me *Collet*, Me *Target*, &c. &c. &c. par exemple,

ple, reparoiſſent au Barreau, & l'on verra s'ils deman-
deront mon excluſion. Ce ſont là les hommes que je recon-
noîtrai pour Juges, parce que je me ſens digne d'être leur
Confrere. Comme je ne ſerai pas humilié par la ſupériorité
de leurs talens, ils ne ſeront pas intimidés de l'impétuoſité
de mon ame. Ils n'auront jamais à me punir d'avoir acquis le
droit de les méſeſtimer. Diviſés peut-être d'opinions, nous
ferons unis par les ſentimens. Conduits comme les Bayards
& les Crillons, ſur le champ de l'honneur, par l'amour
de la gloire, nos mains n'employeront point d'armes qui
puiſſent nous en rendre indignes. On verra ſi je ſouillerai
par des vivacités repréhenſibles, des victoires, ou des défaites, preſque également honorables, quand la loyauté a
préſidé au combat.

Mais enfin que ce grief ſoit bien ou mal fondé, qu'il faille en
accuſer la foibleſſe ou la ſenſibilité déplacée de mes confreres,
quel qu'il ſoit, eſt-ce une raiſon ſuffiſante pour perdre, pour
déshonorer un jeune homme dont le cœur eſt pur, & dont
l'imagination trop inflammable ſi l'on veut, ne s'eſt du moins
jamais enflammée que pour des choſes honnêtes ?

On prétend punir d'une excluſion infâmante la vivacité
d'un zèle déſintéreſſé : que feroit-on donc s'il ſe trouvoit au
Palais un homme qui vendit toujours ſes paroles & quelquefois ſon ſilence ; un homme qui n'ouvrit jamais la bouche
qu'on ne ſçut à quel prix, & qui, mettant un impôt ſur ſes
ſuccès, n'enviſageât dans la victoire qu'un prétexte à des
rapines ; un homme qui, étant recherché par les deux Parties,
prit, pour ſe décider entre elles, la balance, non pas de la
juſtice mais de l'avidité, & ſe louât publiquement à celle
qui a fait briller plus d'or ou ſonner plus d'argent en entrant
dans ſon cabinet ; un homme capable de changer de parti
avec la fortune, & de requérir à grand cris le déshonneur, la
perte des Cliens dont il auroit été le conſeil, & dont il feroit
encore le débiteur ; un homme enfin expoſé à des répéti-
tions honteuſes, accuſé juridiquement d'un abus de confiance

de la plus baſſe, de la plus criminelle eſpece, réduit à invoquer pour ſa défenſe les privileges de ſa profeſſion, & à ſoutenir qu'on n'a rien à lui demander, parce qu'il n'exiſte pas de preuves qu'il ait rien reçu. Si un tel homme exiſtoit au Barreau, ne ſeroit-on pas autoriſé, d'après ce que j'éprouve, à croire qu'il y ſeroit regardé avec horreur, & qu'on ne croiroit jamais l'en avoir banni avec aſſez de précipitation ?

Hélas ! combien on ſe tromperoit ! peut-être y regneroit-il en deſpote : peut-être ſe rendroit-il le délateur, le perſécuteur de ceux de ſes confreres, qu'il ne ſe flatteroit pas de rendre ſes complices : peut-être éclairé par ſes remords & guidé par ſon intérêt, parviendroit-il, à force de manœuvres honteuſes & ridicules, à perdre l'ame ferme & incoruptible par laquelle il ſe verroit à la veille d'être démaſqué.

La délibération du premier Février eſt donc injuſte ; elle eſt nulle au fonds autant qu'irréguliere dans la forme : chacune des différentes conſidérations que je viens de détailler, ſuffiroit pour l'anéantir ſans reſſources : il m'en reſte encore une que je vais expoſer en peu de mots.

§.　V I I I.

Conſidérations ſur la ſituation de la Comteſſe de Béthune.

Il n'y en a point, peut-être, de plus bizarre, & en même-tems de plus cruelle. Sa Cauſe eſt certainement bonne. La maniere de préſenter le meilleur droit peut influer ſur celle de l'aprécier. Sans prétendre inculper l'Avocat qui a plaidé pour elle au Châtelet, & dont les talens ſont connus, elle ſe flatte que je rendrai peut-être ſes moyens avec plus de netteté, & que dans ma bouche, les démonſtrations qui juſtifient ſes

efpérances, feront plus fenfibles : à moins que de la condamner fans l'entendre, on ne peut affurément pas lui faire
une plus grande injuftice que de lui enlever l'homme
qu'elle croit le plus capable de l'aider à obtenir la réfor-
mation de celle qu'elle a déjà foufferte.

Mais je fuppofe qu'elle cede aux inftances, aux menaces,
aux ordres mêmes qui lui ont été donnés, par qui me rem-
placera-t-elle ? Qui appellera-t-elle à fon fecours, à mon
défaut ? Mes amis ? Ils ne s'y préteront pas. Mes ennemis !
ils en rougiroient. Les uns croiroient devenir les inftrumens,
les complices de la cabale qui veut m'exclure. Les autres
après y avoir trempé, n'oferoient en recueillir le fruit. En
ôtant à la Comteffe de Béthune fon Défenfeur actuel, on
la met donc dans l'impoffibilité abfolue d'en trouver un.

M. le Maréchal de Broglio n'eft pas dans la même fituation, à beaucoup près. Nous acceptons, les yeux fermés,
l'Adverfaire qu'il nous oppofe. Nous les ouvrirons dans le
combat ; mais nous proteftons de ne voir alors que les raifons, & de ne pas même prendre garde à la perfonne du
Champion. M. le Maréchal de Broglio, n'éprouve donc aucune difficulté ; c'eft de fes défenfeurs qu'elles viennent. Cependant, il m'a fait l'honneur de me dire, à moi-même, le
23 Janvier au foir, chez M^e. Gerbier, qu'*il defiroit très-
fort que les intérêts de Madame fa belle-fœur fuffent entre mes
mains*. Ce fouhait eft d'une ame honnête telle que la
fienne, & un homme comme lui ne l'auroit pas prononcé
s'il n'étoit point fincère. Il n'a pas pû manquer de le faire
connoître à M^e. Gerbier. Si cet Avocat, malgré le vœu
connu de fon Client, perfifte à en trahir les intentions, il
n'en mérite pas la confiance, c'eft alors à M. le Maréchal de
Broglio à la mieux placer ; il eft difficile d'imaginer que
la Comteffe de Béthune puiffe jamais être forcée de recevoir un Avocat de la main de Me. Gerbier, qui travaille à
la ruiner, & que parce que celui de M. le Maréchal de
Broglio, fon Adverfaire, manque d'égards pour cet homme

illuftre , elle foit condamnée elle-même à fe féparer du fien ;
qui a au moins autant de fcrupule, & certainement plus
de complaifance.

Mais, il y a plus. Je fuppofe que les Juges la contraignent
à une variation contre laquelle fon cœur protefte. Je fuppofe que par un refus obftiné de l'audience, on la force
de chercher enfin quelqu'être indifférent fur mon compte,
qui réuniffe tout à la fois l'impartialité requife pour me rem-
placer, & ce qui fera plus facile, les talens néceffaires
pour me faire oublier, j'ofe demander aux Magiftrats,
eux que la délicatateffe dirige & que l'honneur conduit, s'ils
ne s'expoferont pas à des plaintes fondées de part ou d'autre.
S'ils jugent en faveur de la Comteffe de Bethune, fes Adver-
faires pourront dire qu'on s'eft piqué d'indulgence pour elle,
afin de lui faire oublier la violence inique qu'elle a éprou-
vée. S'ils la condamnent, elle aura éternellement droit de
leur reprocher de lui avoir ôté le moyen de les inftruire. S'il
y avoit quelque raifon légitime de rejetter mon miniftere,
la confcience des Juges pourroit être à couvert, en la ré-
duifant à employer celui d'un autre. Mais, puifqu'il n'y en
a point, puifqu'eux-mêmes ont prononcé le 17 Janvier,
qu'ils étoient fâchés qu'on les foupçonnât d'en avoir voulu
faire naître ; il feroit impoffible qu'en exigeant mon abfence,
& en fouffrant qu'elle devint préjudiciable à la Comteffe
de Béthune, ils n'éprouvaffent pas des remords.

Mais, dira-t-on, on ne peut pas forcer les Avocats de
parler. Non , fans doute : mais que la Loi foit donc égale.
Tant qu'ils ne font pas déchus de leur état, & qu'une
Partie implore leur fecours, on ne peut pas non-plus les
forcer de fe taire. Magiftrats équitables, n'ouvrez pas la
bouche de mes Confreres ; mais ne fermez pas la mienne.
Obligez de vous décider entre les deux concurrens, à qui
devez-vous plus d'égards , de celui qui fe préfente au combat, ou de celui qui le fuit ; de celui qui furmonte par
déférence pour fes Cliens une répugnance trop légitime ,
ou de celui qui trahit les fiens par un caprice intéreffé ?

Sans vous arrêter aux petites, aux indignes rivalités qui se développent à vos pieds, vous ne devez d'attention qu'aux befoins & aux raifons des parties.

Et qu'ils me foit permis ici de vous le dire n'ayez pas la foibleffe de redouter le fchifme dont on vous fait l'affront de vous menacer : vous êtes dans le cas de répondre à ce petit nombre de factieux qui ofent chercher à vous intimider; *je veux moins de valeur & plus d'obéiffance.* Douze Avocats ne compofent pas toutes les reffources de Thémis pour prévenir une défertion qui feroit tomber la balance de fes mains. Outre un double fecours qu'on me feroit peut-être un nouveau crime d'indiquer, il exifte au Barreau des ames honnêtes qui n'ont pas trempé dans la confédération de Me Gerbier. Il y exifte une jeuneffe floriffante : elle a été exclue du brigandage du premier Février, qu'elle auroit empêché, fi fes fuffrages n'avoient été rejettés. Du côté des talens, ces athletes pleins d'émulation ne laiffent rien à defirer ; & leurs ames encore garanties de l'influence de ce poifon fubtil de la jaloufie, de l'intérêt, qui acquiert plus de force & d'activité avec l'âge, promettent au Barreau des jours brillans qui lui feront oublier fes pertes.

Il n'eft donc pas à craindre, que dans aucun cas, les Cliens fe trouvent abandonnés, ou la Juftice muette. S'il étoit poffible que la Cour honorât de la moindre attention le réfultat de la cabale féditieufe qui m'attaque, ce feroit donc rayer réellement du Tableau les 600 Avocats qui n'y ont point concouru, & déclarer que l'Ordre n'eft plus compofé dorénavant que de quatorze membres, des treize Affeffeurs de Me Gerbier, avec leur chef, ce que la Cour n'a certainement pas eu intention de faire.

Au refte quelque doive être l'événement de cette finguliere conteftation, j'ufe ici d'un privilege confacré par l'ufage. Outragé, calomnié par des confreres injuftes & prévenus, j'en appelle à mon Ordre. Si mon Ordre ne vient pas à mon fecours, j'en appelle à la Juſtice : ſi la Juſtice, ce qui n'eſt pas poſſible, avoit la foibleſſe de ſe taire, ſi ſes droits compromis, ſi le plus lâche des aſſaſſinats commis ſous ſes yeux avec des circonſtances qui en redoublent l'atrocité, ne pouvoient pas l'émouvoir, j'en appellerois au Public ; & ſi enfin les manœuvres, les préjugés étouffoient la réclamation univerſelle des contemporains, il me reſtera au moins le dernier recours de l'innocence foib e & égorgée, les remors des meurtriers & le jugement de la poſtérité.

Me LINGUET, Avocat.

www.ingramcontent.com/pod-product-compliance
Lightning Source LLC
LaVergne TN
LVHW021156200726
843510LV00001B/387